LANGFANG
de
zuji

廊坊的足迹
——廊坊博物馆基本陈列

廊坊博物馆 编

文物出版社

图书在版编目（CIP）数据

廊坊的足迹：廊坊博物馆基本陈列 / 廊坊博物馆编.
—— 北京：文物出版社，2017.3
ISBN 978-7-5010-4877-9

Ⅰ．①廊… Ⅱ．①廊… Ⅲ．①博物馆－历史文物－
介绍－廊坊 Ⅳ．①K872.223

中国版本图书馆CIP数据核字（2016）第314716号

廊坊的足迹——廊坊博物馆基本陈列

编　　者：廊坊博物馆
主　　编：吕冬梅

责任编辑：许海意
装帧设计：周小玮
责任印制：张道奇

出版发行：文物出版社
社　　址：北京市东直门内北小街2号楼
邮　　编：100007
网　　址：http://www.wenwu.com
邮　　箱：web@wenwu.com
经　　销：新华书店
制　　版：北京文博利奥印刷有限公司
印　　刷：文物出版社印刷厂
开　　本：889mm×1194mm　1/16
印　　张：18.5
版　　次：2017年3月第1版
印　　次：2017年3月第1次印刷
书　　号：ISBN 978-7-5010-4877-9
定　　价：300.00元

《廊坊的足迹——廊坊博物馆基本陈列》
编辑委员会

主　　编：吕冬梅

副　主　编：苑晓光　　曲金丽

资料整理：王丽娟　　王　辉　　刘雪梅　　杨芳芳

　　　　　　贾学颖　　徐晓川　　高培泽

前　言

　　廊坊不仅是一座朝气蓬勃的现代化城市，也是有着深厚历史底蕴的人文家园。大量文化遗存表明，早在7000年前的新石器时期，廊坊先民们就聚集在这里，依水结庐，磨石制陶，狩猎采集；邦国文明时代，史书有明确记载，"黄帝制天下以立万国，始经安墟（廊坊城区）"。以后伴随时代的演进，廊坊曾经是燕国连接齐、赵的门户，是秦皇云游天下的伤子之地，是隋唐盛世中的殷实之区，是宋辽拼杀对峙的战场。元明清以来，随着政治中心北移，廊坊又成为毗邻皇城的京畿重地。

　　廊坊亦是一方文化多元、人才辈出的风水宝地。在这片土地上，涌现出张华、吕端等一批历史风流人物，演绎过刘六、刘七起义和义和团廊坊大捷等威武雄壮的故事，也传颂着苏洵、王之涣、文天祥等文人志士的动人传说。

　　廊坊博物馆基本陈列——"廊坊的足迹"，讲述的就是这座城市自远古以来，漫长而又曲折的发展之路。它以时代发展为主线，辅以文字、图片和模型等表现形式，将本区域重要历史遗迹、珍贵文物、历史名人、重大事件串联起来，展现了廊坊从新石器时期至明清绵延不断的历史风貌。通过这个展陈，使人们真切具体地感知到廊坊的昨天和前天，从而"述古而知今"，增强人们热爱今天的廊坊、憧憬明天的廊坊的信心和激情。

　　"廊坊的足迹"共展出文物381件套，其中不乏珍贵文物。这些文物中，除明清时代一小部分为早年文物商店遗留，其余均为历年来考古发掘所得，来源可靠，史料价值较高。这次我们把其编辑成书，目的就是要把廊坊博物馆基本陈列和珍贵文物向全社会推介，使更多的人了解廊坊的历史，了解博物馆事业。

　　由于学术水平有限，本书在编辑当中肯定有许多不妥之处，还请专家学者、业内同仁、社会各界人士多提宝贵意见，以便进一步改进我们的工作。

廊坊博物馆馆长　吕冬梅

2016年6月

概　述

苑晓光

　　廊坊地处河北省中部，北起燕山南麓的三河，南抵子牙河畔的大城，呈南北狭长状，居于北京、天津之间，拥有得天独厚的区位优势，素有"京津走廊上的明珠"之称。

　　考古资料表明，最晚自距今7000余年的新石器时代中期开始，我们的祖先就已在廊坊这片热土上繁衍生息。在廊坊地区中部的永定河流域，发现了安次区北旺遗址，碳十四年代测定为距今6780～7595年，属北福地一期文化。北部的洵河流域，发现了三河市孟各庄遗址和刘白塔遗址，年代为距今6000余年，属上宅文化和北福地二期文化。南部的大清河流域，发现了分属后岗一期文化和龙山文化的文安太子务遗址、小王东遗址。总体来看，南部的史前时期遗存，表现出和中原地区黄河流域新石器时代文化相一致的特征，而中、北部地区的文化遗存，则呈现出北方和中原地区文化激烈碰撞、相互融合的特征。这些文化遗存，共同勾勒出廊坊地区史前文明的概貌，也印证了中华民族文化多元并存、相互融合的发展特征。

　　夏商时期，廊坊境内发现的文化遗存明显增多，北部地区发现了大坨头、庆功台、东达屯等20多处遗址，南部地区发现了小王东、霸州一中等10多处遗址。北部地区以大坨头遗址为代表的文化遗存包含有特征明显的夏家店下层文化因素，当时学界将这类文化遗存视为夏家店下层文化的一部分，但也注意到了其与典型的夏家店下层文化的区别，将之称为"夏家店下层文化大坨头类型"。随着新的考古资料的发现和研究的不断深入，一些专家学者提出冀西北、京津唐地区的这类遗存不属于夏家店下层文化的范畴，而应是一种独立的考古学文化，以最先发现的大坨头遗址命名为"大坨头文化"。在南部地区发现的文化遗存，表现出与中原文化一致的特征，应属于中原文化系统。至西周，廊坊境内南北界限逐渐消失，统一在强大的周王室集权政治下，形成具有燕国地方特色的文化体系。

　　春秋战国时期，诸侯割据，廊坊的大部分地域，属于燕国范围，南端的文安、大城，则为燕、赵、齐三国接壤之地。燕南长城、东周城址、多处大型遗址被发现，大量货币及青铜器（包括戈、剑、矢镞等兵器）出土，既证明了纷乱的战争格局，又体现出社会、经济的繁荣与发展。秦汉时期，国家一统，社会经济快速发展，廊坊境内发现的文物遗迹数量骤增，遍布各地。大量精美瓦当的发现，从建筑的角度窥见大汉王朝的辉煌。三河市错桥村窖藏铁器的出土，昭示着手工业的进步和生产力的显著提高。东汉末年，渤海发生海溢，人民的生产、生活遭受严重破坏，受其影响，三国至南北朝时期的文物遗存较少，但仍有北朝武士俑及北魏太和十一年佛造像等珍贵文物出土，弥补了年代的缺环，实属难得。

隋立国较短，仅存在了37年，但仍有大城县解盛夫妻合葬墓及永清县张善敬墓的发现。唐代，中国历史进入秦汉之后的又一个鼎盛时期，国力强盛，文化繁荣。唐代文物遍布廊坊各地，文安县董满墓出土三彩扁壶及陶俑、安次区古县隆福寺长明灯楼，无不体现了雄浑大气、雍容博雅的大唐风韵。固安县公主府五代墓白瓷器的出土，仍能见到大唐逝去后的遗风。后晋天福元年（公元936年），晋帝石敬瑭将燕云十六州割让给契丹，后周显德六年（公元959年），周世宗柴荣率军北上，收复平舒县改名大城，夺取淤口关（今霸州市信安镇）改置淤口寨，取益津关改设霸州，基本上形成了以后的宋辽边界。

北宋建立后，继续实施收复燕云十六州的战略，但在几次大的战争中宋军接连失利，此后，宋王朝在军事上基本处于防御状态。永清县宋辽边关地道，即是这个时期和历史背景下的产物，其巧妙的结构和宏大的规模令人叹为观止。2006年，边关地道遗址被国务院公布为第六批全国重点文物保护单位。"澶渊之盟"后，宋辽紧张局势趋于缓和，边境地区生产慢慢复苏。在这一时期，宋境的大城县郭底村墓葬、霸州市盐水河遗址，辽境的安次区西永丰墓葬、香河县栖隐寺塔基地宫，均出土了非常精美、极具艺术价值的瓷器，代表了较高的瓷艺生产水平，这必然是稳定社会条件下的产物。金代，廊坊逐步成为京畿之地，人口大量繁衍，土地广泛开发，农业、手工业、商业稳步发展。固安县于沿村发现了金代宝严寺塔基，地宫中出土金、银、铜、铁、陶、瓷、玉、水晶、骨、松香等类文物，门类之多，做工之精，令人瞩目。如银鎏金錾花佛舍利柜、银八棱熏炉等，体现了金代金银细工工艺的至高水平。元代的生产和贸易进一步扩大，这从全市各地普遍发现，尤其是霸州市城关码头遗址出土的大量钧窑、磁州窑、龙泉窑瓷器中可以得到佐证。廊坊博物馆还收藏一件磁州窑褐彩凤纹罐，器型硕大，绘画洒脱，堪称元代磁州窑的精品之作。

永乐年间，明成祖朱棣曾先后三次下诏迁山西洪洞、江苏南京、安徽凤阳、山东即墨、浙江金华及陕甘等地数十万人充实京畿，廊坊地区一半的村落就是在这一时期形成的。自此至清代，廊坊农业、手工业、商业都获得重大发展。安次区明代何氏墓、大厂县明代段氏墓为这一时期的重要发现，另大量清代官窑瓷器流散民间，明清古建、石刻也较为多见。

廊坊博物馆在2005年开放之初，精心遴选历年考古出土文物，穿插具有影响力的历史人物和重大事件，将廊坊地区自新石器时代直到明清的历史浓缩提炼，推出精品陈列——"廊坊的足迹"。此后，精心打造"廊博伴我成长"品牌活动，特色展览、主题活动、专题讲座、志愿者活动异彩纷呈。从这十年的发展历程，能看到博物馆已经越来越多地融入进市民的精神文化生活，我们有理由相信——博物馆的旅途刚刚开始，更精彩的还在后头。

目　录

序 厅

　　廊坊人文历史的足迹，几经沧桑，已历6000余年。丰富的文化遗存，蕴涵着深厚的文化积淀。这里展出的文物，荟萃了廊坊多年文物考古工作的成果和传世珍品。它们历史久远，气韵生动，流传有序，从不同角度、不同层面折射出了廊坊昔日的辉煌。

　　廊坊这块热土，孕育了一代又一代优秀儿女，造就了一代又一代英雄豪杰。他们襟怀宽阔，包容亲和，兼容并蓄，为本区域民族团结、社会和谐、文化融合，殚思竭虑，生生不息；他们秉赋英豪气质，慷慨悲歌、壮怀激烈，为国家兴亡、社会发展，鞠躬尽瘁，奋斗不已。

第一部分
洵河印迹

新石器时代
（距今约10000～4000年前）

　　廊坊的历史肇始于泃河两岸距今6000余年的新石器时代。这里燕山北屹，泃水南流，气候温宜，草木茂盛。廊坊的远古先民们，在这里聚集繁衍，生生不息。他们临水结庐，狩猎采集，制陶磨石为器，用勤劳和智慧，迎来了廊坊古代文明史上的第一缕晨曦。

展厅场景

展厅场景

石磨盘、磨棒

新石器时代

磨盘长52.5厘米　宽24厘米　中部厚6.5厘米

磨棒残长20厘米　直径6厘米

孟各庄新石器时代遗址出土

琢制而成，这两件石器通常合用，为粮食加工用具。磨盘两端翘起，底部无支脚，显示出沟河流域独具特色的文化特征。

石斧

新石器时代

长10.4厘米　宽7.5厘米　厚2.3厘米

孟各庄新石器时代遗址出土

石斧是石器时代的砍伐工具，在刀耕火种的原始农业时期，主要用于砍伐树木。

石耜

新石器时代

长26.5厘米　宽14厘米

孟各庄新石器时代遗址出土

石耜是一种翻土农具，使用灵活，适于开垦疏松的沙质土壤。

石磨棒

新石器时代
长17.8厘米　宽6厘米　厚3.2厘米
孟各庄新石器时代遗址出土

划纹夹砂褐陶碗

新石器时代
高8.5厘米　口径11.5厘米　底径4.5厘米
孟各庄新石器时代遗址出土

黑褐陶碗

新石器时代
高11.5厘米　口径21.3厘米　底径10.3厘米
孟各庄新石器时代遗址出土

石棍

新石器时代

长33厘米　宽10.4厘米　厚3.3厘米

刘白塔新石器时代遗址出土

细泥红顶钵

新石器时代

高20.5厘米　口径31.7厘米

刘白塔新石器时代遗址出土

红顶钵

新石器时代
高6厘米　口径16.5厘米
刘白塔新石器时代遗址出土

红顶钵

新石器时代
高8.5厘米　口径24.5厘米
刘白塔新石器时代遗址出土

划纹褐陶釜

新石器时代
高14厘米　口径21.5厘米
刘白塔新石器时代遗址出土

斜刃石斧

新石器时代
长16.2厘米　宽7厘米　厚2厘米
三河市荣村新石器时代遗址出土

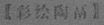

东达屯夏家店下层文化1号墓

三河市

【彩绘陶罐】

第二部分
方国遗风

夏 商 西周
（公元前2070年~前771年）

　　夏商时期，廊坊远离华夏文化中心区域，地处边陲，隶属方国。当时，这里生存着两支不同的族群，尊崇着两种不同的文化。以今永定河为界，其北为潮白河流域土著夏家店下层文化大坨头类型；其南为大清河流域中原早商文化。两种文化，在1300余年的岁月里，交流碰撞，融汇积淀，取长补短，相得益彰，开启了廊坊多元文化并存的先河。

方国遗风

RELIQUE OF STATE FANG
夏 商 西周　公元前2070年—公元前771年
RAS OF XIA SHANG AND WEST ZHOU 2 070 B.C.—771 B C

夏商时期，廊坊远离华夏中心区域，地处边垂，隶属方国。
当时，这里生存着两支不同的族群、尊崇着两种不同的文化，以
今永定河为界，其北为潮白河流域土著夏家店下层文化大坨头类
型，其南为大清河流域中原早商文化。两种文化，在一千三百余
年的岁月里，交流碰撞，融汇积淀，取长补短，相得益彰，开启
了廊坊多元文化并存的先河。

In the eras of Xia and Shang, Langfang City lay in the frontier far from
central China, belonging to State Fang. At that time, two races lived here,
worshiping two types of culture. Taking Yongding River as a dividing line, its
north is of the type of Datuotou of indigene Xiajiadian underlayer culture of
Chaobai Valley; its south is early Shang culture of central China of Daqing River.
During around one thousand and three hundred years, two types of culture
interchanged and collided, reconciled and accumulated, learnt from the other's
strong points to offset its own weakness, brought out the best in each other. That
originated the phenomenon of co-existence of Langfang City's multivariate culture.

折肩罐

夏家店下层文化
高25厘米　口径13.9厘米　底径14.8厘米
香河县庆功台墓葬出土

折肩鬲

夏家店下层文化
高15.3厘米　口径12.5厘米
香河县庆功台墓葬出土

折腹盆

夏家店下层文化
高18.8厘米　口径26.4厘米　底径12.4厘米
香河县庆功台墓葬出土

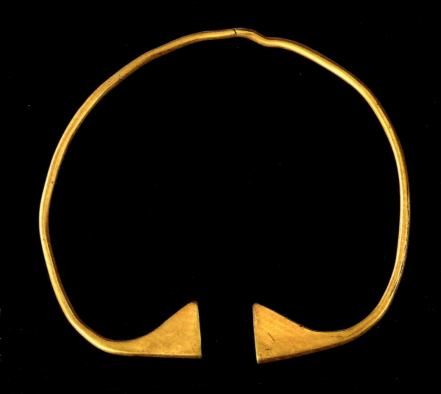

金臂钏

夏家店下层文化
直径7.3厘米
香河县庆功台墓葬出土

臂钏又称"条脱"，用作装饰，质地多为
金、银、玉等。金臂钏是中国北方青铜时代夏
家店下层文化的典型器物，为当时土著部族头
领或巫师等社会地位较高的人所特有。

骨锥

夏家店下层文化
长13厘米
香河县庆功台遗址出土

以兽骨制成，柄端尚留有关节，器身修磨，锥
尖锋利光滑。骨角器在青铜时代依然作为重要的工
具而普遍使用，主要用于钻孔、兽皮缝缀等。

靴足鼎

夏家店下层文化
高20.5厘米　口径20.8厘米
香河县庆功台墓葬出土

深腹盆

夏家店下层文化
高13.8厘米　口径22.5厘米　底径8.3厘米
三河市东达屯墓葬出土

红褐陶钵

夏家店下层文化
高12厘米　口径19厘米　底径11厘米
三河市东达屯墓葬出土

彩绘陶鬲

夏家店下层文化
高16厘米　口径15厘米
三河市诸葛店墓葬出土

陶鬲口沿涂有红彩，器表彩绘先以红线勾出轮廓再填以白彩，腹部以三角纹为主体纹饰，彩绘稍有剥落。它是供随葬用的冥器，为燕山南麓夏家店下层文化所特有的彩绘折肩鬲形式。

彩绘折肩鬲

夏家店下层文化
高13.2厘米　口径12.5厘米
三河市山河营墓葬出土

直领花边鬲

夏家店下层文化
高21厘米　口径13.5厘米
三河市冯家府遗址出土

古代炊食器。夹砂褐陶质，烧制火候较低。口微
侈，口沿外饰附加花边纹。足、腹部有烧烤痕迹，当
属实用器。

灰陶折肩鬲

夏家店下层文化
高13.8厘米　口径12厘米
三河市中赵甫墓葬出土

灰陶碗

　　商
　　高6.5厘米　口径17.3厘米　底径6.3厘米
　　文安县小王东遗址出土

灰陶碗

　　商
　　高6.5厘米　口径14.3厘米　底径5.7厘米
　　文安县小王东遗址出土

041

灰陶罐

商
高17.5厘米　口径14.4厘米　底径10厘米
文安县小王东遗址出土

弦断绳纹四系灰陶罐

西周
高32.5厘米　口径15.5厘米
霸州市城关墓葬出土

第三部分
燕南沃土

战国 秦 汉 北朝

（公元前475～公元589年）

　　战国时期，廊坊地处燕南。燕昭王招贤纳士，国力日强，廊坊地区逐步开化与发展。先民们戍边屯田，冶铁铸剑，社会生产水平堪与齐、赵媲美。秦汉统一中国，安次、文安、东平舒（今大城县）、方城（今固安县）相继置县，正式纳入中央政权管辖。受中原文明辐射，廊坊日益隆昌、进步。而西晋动乱，北朝纷争，又使燕南沃土阴霾重重。

展厅场景

兽纹铜鼎

战国
高15.5厘米　腹长径14.5厘米　腹短径12厘米
三河市双村战国墓葬出土

　　鼎为古代炊器，相当于现在的锅，用于煮或
盛鱼、肉。在商周时代，鼎被用来"明尊卑、别上
下"，成为统治阶级等级制度和权利的标志。

蟠虺纹铜鼎

战国
高27厘米　口径18.5厘米
三河市双村战国墓葬出土

蟠虺纹铜簋

战国
高14厘米　口径13厘米　底径8厘米
三河市双村战国墓葬出土

　　簋为盛装煮熟的黍、稷、稻、粱等饭食的器具，也是商周时期重要的礼器。自商代出现，流行于西周和春秋时期，至战国中期时已颇为少见。

蟠虺纹铜軎辖

战国

軎高5.5厘米　口径5厘米　底径8厘米　辖长8.6厘米

三河市双村战国墓葬出土

軎、辖为古代车的构件。軎套在车轴两端，用以加固轴
头。为使軎不致从车轴上脱落，在軎上与轴端有一横穿的孔
以辖插入。

铜剑

战国

通长39.5厘米

三河市双村战国墓葬出土

铜戈

战国
通长17.5厘米　胡长5.2厘米
三河市双村战国墓葬出土

戈是青铜时代常见的长兵，又称"钩
兵"，下接长柄，主要用于车战。

铜削

战国
长14.5厘米　环径2.4厘米
三河市双村战国墓葬出土

削为古代刮物工具，又称"削形刀"。

铜匜

战国

高16.5厘米　口长径16厘米　口短径11.5厘米　身长23厘米

三河市大唐回村西墓葬出土

匜是古代盥洗时浇水的用具。此匜流口作鸟首形，倒水时上喙可以自动开启，构思颇为巧妙。

铜豆

战国
高36厘米　口径18.6厘米　底径13.6厘米
三河市双村战国墓葬出土

蟠虺纹铜豆

战国

高28厘米　口径17.6厘米　足径11厘米

三河市大唐回村西墓葬出土

豆是专备盛放腌菜、肉酱等调味品的器皿。

铜鈚镂

战国

高24厘米　口径7.7厘米　腹径16厘米

三河市大唐回村西墓葬出土

蟠虺纹铜鼎

战国

高24.5厘米　口径16.3厘米

三河市大唐回村西墓葬出土

蟠虺纹铜簋

战国
高14厘米 口径13厘米 底径8厘米
三河市大唐回村西墓葬出土

灰陶盖豆

战国
高33.5厘米 口径15.5厘米 底径13.8厘米
三河市大唐回村北淀墓葬出土

灰陶盖豆

战国

高27厘米　口径7.4厘米　底径10.5厘米

三河市大唐回村北淀墓葬出土

鸟兽纹陶壶

战国

高40厘米　口径12.5厘米　底径15厘米

三河市东城子遗址出土

绳纹陶鬲

    战国

    高28.4厘米　口径14.2厘米

    三河市东城子遗址出土

弦纹陶壶

战国

高37厘米　口径11.5厘米　底径12厘米

三河市中赵甫遗址出土

骨尺

战国
长16.4厘米　宽1.6厘米
文安县小赵村遗址出土

贝币

战国
三河市双村战国墓葬出土

　　贝币是中国最早的货币形式，始于夏朝，
兴盛于商、西周，春秋战国逐渐衰退。

赵"安阳"布币

战国
长3.8厘米 宽3厘米
文安县刘么遗址采集

布币仿照青铜农具镈的形状铸成，出现在西周时期，大量铸造在春秋时期，式样与实用的铜铲相同，上部有銎。战国时期形制改变，銎部扁平成一体。

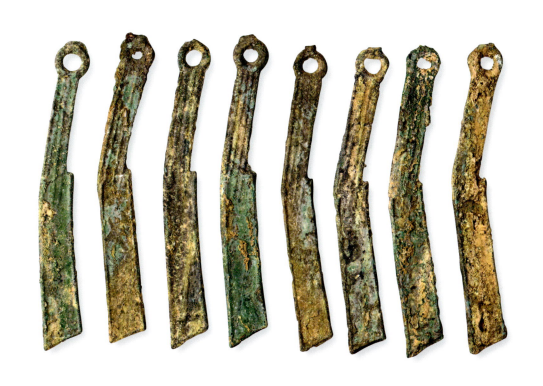

燕"明"刀币

战国
长14厘米 宽1.7厘米
三河市小唐回遗址出土

刀币是仿刀削铸造的，目前所见都是战国时期的，有大小两种，大刀币是齐国的，小刀币是燕国的。此批刀币出土时存放在夹蚌灰陶罐内，约700余千克，应为钱币窖藏。刀币上有阳文铭文，均为"明"字。

兽首铜带钩

战国

长8.3厘米　宽1.2厘米

大城县郭底村战国墓出土

带钩是古代用于扣拢腰带的钩，最晚
于西周晚期出现，战国至汉代较为流行。

铜剑

战国

长37.3厘米　宽4厘米

三河市东城子遗址出土

铁犁

汉

通长15.4厘米　挡距15厘米　翼长
17.5厘米

三河市错桥村窖藏出土

铁铲

汉

通长14.4厘米　銎口长4厘米　刃宽
13.6厘米

三河市错桥村窖藏出土

铁锸

汉

长19.4厘米　宽14厘米

三河市错桥村窖藏出土

铁车輨

汉

内径14.8厘米　外径16.8厘米　厚4.5厘米

三河市错桥村窖藏出土

四神规矩纹镜

西汉
直径13.5厘米　厚0.5厘米
大城县毛演马村墓葬出土

镜作圆形，半球形钮，圆形钮座。钮外饰双线方栏，栏内饰四叶纹。栏外四边各向外伸出一T形符号与L形符号相对，每个T形符号两边各饰一枚乳钉。方栏四角与V形符号相对，将镜的内区分为四方八等分，其间饰四神等纹饰。外区依次饰栉齿纹、三角锯齿纹各一周。宽素缘高起。为汉代的典型镜式。

连弧纹镜

东汉
直径13.5厘米
三河市贾官营村墓葬出土

规矩纹镜

西汉

直径7.5厘米

三河市贾官营村墓葬出土

"千秋万岁"瓦当

西汉

直径15.2厘米

霸州市中学遗址出土

瓦当是筒瓦的瓦头，始见于西周。"千秋万岁"吉语瓦当，出现并流行于西汉时期，反映了当时人们普遍存在的对生息繁衍、太平安宁、康乐祥瑞的美好愿望。

双铺首灰陶壶

汉

高37厘米　口径15厘米　底径16厘米

三河市刘里村墓葬出土

孝昌二年刻铭砖

北魏
长26.8厘米　宽12.7厘米　厚5.2厘米
大城县大里北村墓葬出土

刻铭砖阳面阴刻楷书："孝昌二年三月庚午朔廿七日平舒县人李道德铭记之"。平舒即今大城县，西汉始设东平舒县，北魏时改称平舒县，县治即今大城县城。此砖铭是目前最早的关于平舒县名的实物资料。

武士俑

北朝

通高21.3厘米

大城县大里北村墓葬出土

　　武士立姿，头戴兜鍪，双重耳护，双眼圆睁，闭口，无胡须。身着明光铠甲，椭圆形护胸，内套窄袖衫，腰间束宽带，肩披长圆披膊。左手下垂，右手作执器状握于胸前。腿裹甲裙，内裙垂足面，足蹬圆头靴。铠甲上有朱砂红彩痕迹。此俑比例匀称，体态健壮，形态生动，艺术水平高超，是廊坊市目前发现的唯一一件北朝时期陶俑。

太和十一年佛造像

北魏

残高152厘米　宽85厘米

永清县支各庄村埋藏出土

佛造像雕造于孝文帝迁都洛阳前的北魏太和十一年（公元487年），为目前所知河北地区出土北魏带纪年款石造像中较早者。佛像的高肉髻、浑圆的脸庞、削瘦的双肩等，无不表现出云冈造像那种独特的风韵。它的发现，再次证实云冈石窟北魏造像对河北造像的巨大影响，对研究河北佛造像艺术的发展历程具有重要研究价值。

第四部分
幽野风韵

隋 唐 五代
（公元581~960年）

　　隋唐时期，廊坊为幽州所辖。时值国家统一，国势强盛，社会风尚，民族意识皆以雄浑大气和阳刚正气为时代主流。此风"衍而外流"，风靡朝野，亦盛行廊坊。故隋唐文物，处处展示了质朴劲健、浑厚壮阔、深沉博雅的大唐风韵，尽显阳刚之美。这种英豪气质、雄强风骨世世相传，陶铸了一代又一代廊坊人的性格情操。

HEROIC CHARM

隋 唐 五代　公元581—960年

DYNASTIES OF SUI, TANG AND THE FIVE DYNASTIES
581A.D.—960A.D

　　隋唐时期，廊坊为幽州所辖。时值国家统一，国势强盛，社会风尚，民族意识皆以雄浑大气和阳刚正气为时代主流。此风"衍而外流"，风靡朝野，亦盛行廊坊。故隋唐文物，处处展示了质朴劲健、浑厚壮阔，深沉博雅的大唐风韵，尽显阳刚之美。这种英豪气质、雄强风骨世世相传，陶铸了一代又一代廊坊人的性格情操。

During the dynasties of Sui and Tang, Langfang City was governed by Youzhou. With state unified and national power flourishing, the social tendency and national consciousness all regarded vigor, mighty and righteousness as mainstream of the times. This general mood "overflowed to all parts", and had become fashionable in the government and among the public, also prevailing in Langfang City. Therefore, cultural relics of the dynasties of Sui and Tang revealed the charm of modesty and vigor, grandness, magnificence, and erudition of Tang Dynasty in all aspects. The heroic temperament and strength had been handed down through the ages, which had molded character and sentiment of people in Langfang City from generation to generation.

解盛夫妻合葬墓志（两方）

隋

均长46厘米　宽44厘米　厚11厘米

大城县东关村墓葬出土

解盛，隋景州平舒（今大城）人，北周时任章武郡主簿。其妻张字。隋大业六年（610年）与解盛合葬于平舒县东北。两方墓志为考证平舒县（今大城）县治沿革提供了实物资料。

張善敬墓誌磚

隋

長30.5厘米　寬14.5厘米　厚5.7厘米

永清縣通澤村張善敬墓出土

墓誌磚正面磨平並墨書楷體："隋大業十二年歲次丙子三月丁亥廿六日壬寅通澤縣昌樂鄉雕龍里散人張善敬之樞銘"。《隋書·地理志》對"通澤縣"的地理位置沒有記載，墓誌磚可補史闕。

青釉四系罐

隋

高25厘米　口径10厘米　底径10.5厘米

永清县通泽村张善敬墓出土

青釉瓷碗

隋
高8.3厘米　口径14.5厘米　底径7.3厘米
三河市临泃故城遗址出土

展厅场景

三彩扁壶

唐

高29厘米　口径8.8×5厘米

文安县麻各庄董满墓出土

　　模制而成。体呈扁圆形，直口微侈，短束颈，肩上部凸起双系，有细小穿孔，扁圆腹下部向内斜收，平底，假圈足较高。器身两面模印相同的凸起纹样，中间部位使用双重凸线饰四方圆角开光，内饰一凸起乳钉，腹边缘饰一周连珠纹；下方塑凤鸟一对，凤鸟高冠曲颈，凤鸟上方塑一蟾蜍，肌体丰满，作欲跃之状。蔓草纹点缀其间，枝叶肥厚，连绵缠绕，果实丰硕。釉色由黄、绿、白三色构成，彩度适中。整件器物造型典雅别致，制作精细考究，画面布局合理，线条清新流畅，色彩斑斓典雅，烘托出极富浪漫色彩的盛唐风范。

胡人俑

唐
高26.5厘米 座8.4×7.3厘米
文安县麻各庄董满墓出土

伏卧男俑

唐

高7.5厘米　长20.5厘米　宽10.2厘米

文安县麻各庄董满墓出土

昆仑奴俑

唐

高22.5厘米　座6×7厘米

文安县麻各庄董满墓出土

女执箕俑

唐
高17.5厘米　宽9厘米
文安县麻各庄董满墓出土

女乐俑

唐
高20.5厘米　座11.3×11.1厘米
文安县麻各庄董满墓出土

女乐俑

唐
高22厘米　座11.3×11.3厘米
文安县麻各庄董满墓出土

文吏俑

唐
高32.5厘米　座宽13厘米
文安县麻各庄董满墓出土

女侍俑

唐
高26.8厘米　座8×7.8厘米
文安县麻各庄董满墓出土

男侍俑

唐

高28.1厘米　座7.9×9.2厘米

文安县麻各庄董满墓出土

男侍俑

唐

高27厘米　宽10厘米

文安县麻各庄董满墓出土

男仆俑

唐
高23厘米　座6×7厘米
文安县麻各庄董满墓出土

侏儒俑

唐
高17.7厘米　座8.2×6.1厘米
文安县麻各庄董满墓出土

胡人俑

唐
高28.5厘米　座8×8厘米
文安县麻各庄董满墓出土

陶牛

唐
高7厘米　长17.7厘米　宽10厘米
文安县麻各庄董满墓出土

陶牛

唐
高9.6厘米　长22厘米　宽7.5厘米
文安县麻各庄董满墓出土

镇墓兽

唐
高17.1厘米　长18厘米　宽11.2厘米
文安县麻各庄董满墓出土

陶鸽

唐
高10.1厘米　长11.5厘米　宽7厘米
文安县麻各庄董满墓出土

陶灶

唐
高6厘米　长16厘米　宽10.8厘米
文安县麻各庄董满墓出土

仪鱼

唐
高8.5厘米　长25.2厘米　宽7厘米
文安县麻各庄董满墓出土

镇墓兽

唐

高15.2厘米　长23厘米　宽15.5厘米

文安县麻各庄董满墓出土

陶犬

唐

高4.2厘米　长10.8厘米　宽7厘米

文安县麻各庄董满墓出土

陶犬

唐

高3.8厘米　长11.2厘米　宽6.8厘米

文安县麻各庄董满墓出土

陶犬
　　唐
　　高4.3厘米　长10.9厘米　宽7厘米
　　文安县麻各庄董满墓出土

陶犬
　　唐
　　高4.7厘米　长12.9厘米　宽8.6厘米
　　文安县麻各庄董满墓出土

陶犬
　　唐
　　高4.1厘米　长11厘米　宽7厘米
　　文安县麻各庄董满墓出土

虎形陶兽

唐
高6.5厘米　长11.7厘米　宽9.2厘米
文安县麻各庄董满墓出土

陶野猪

唐
高8厘米　长18.5厘米　宽8.4厘米
文安县麻各庄董满墓出土

镇墓兽

唐

高16.2厘米　长20厘米

文安县麻各庄董满墓出土

异形陶兽

唐

高9厘米　底长13.8厘米

文安县麻各庄董满墓出土

墓龙

唐

高16.4厘米　长30.8厘米

文安县麻各庄董满墓出土

骆驼俑

唐
高20.8厘米 长33.5厘米
文安县麻各庄董满墓出土

骆驼俑

唐
高19.5厘米　长26.1厘米
文安县麻各庄董满墓出土

董满墓志

唐

长60厘米　宽30厘米　厚10厘米

文安县麻各庄董满墓出土

　　楷书志文，共有14行，满行26字。首题："唐版授恒州藁城县令董明府之墓志铭"。董满，字士盈，原籍邢州平乡，生于隋开皇三年（公元583年），唐"乾封元年（公元666年）奉诏版授恒州藁城县令"，咸亨二年（公元671年）十二月卒。在廊坊出土的金石史料中，其时代较早，具有较高的历史价值。

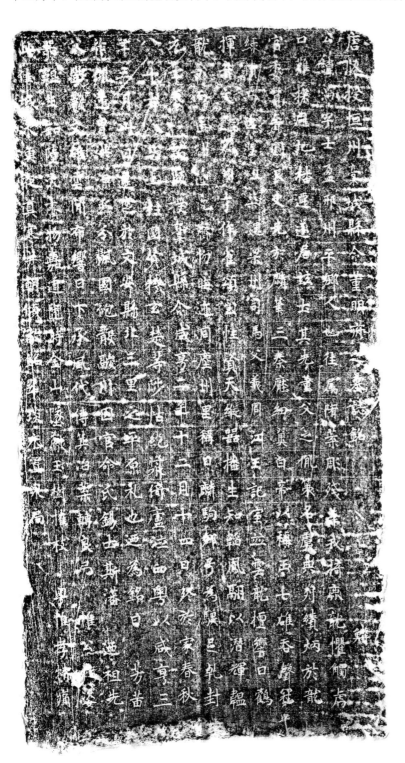

隆福寺长明灯楼（照片39）

唐

　　灯楼为汉白玉石质，由壶门方形座、覆莲圆座、等边八角形石柱、仰莲托盘组成，通高3.4米。石柱正面中部篆书题额："大唐幽州安次县隆福寺长明灯楼之颂"。石灯为寺院供具之一，长明灯楼雕制于垂拱四年（公元688年），是已知最早的带纪年刻铭的唐代石灯。它不仅是研究唐代政治、宗教发展状况的珍贵资料，也为考证唐代幽州地理和安次县建置沿革提供了依据。

灯楼顶部

灯楼颈部佛像（局部）

灯楼下部石浮雕

展厅场景

三彩梅花纹枕

唐
高5厘米　长11.5厘米　宽8.5厘米
固安县方城村墓葬出土

黄釉钵

唐

高10.9厘米　口径21.7厘米　底径8.5厘米

霸州市范家坊墓葬出土

青釉碗

唐

高7.9厘米　口径13厘米　底径5.3厘米

大城县刘祝村墓葬出土

黄釉双系罐

唐

高9.6厘米　口径4厘米

霸州市平口墓葬出土

黄釉碗

唐

高9厘米　口径16.8厘米　底径6.8厘米

霸州市范家坊墓葬出土

泥制红陶塔形罐

唐

高54厘米　罐口径12厘米　罐底径13.3厘米　座底径31.7厘米

文安县西关墓葬出土

泥制红陶塔形罐

唐

高60厘米　罐口径12.5厘米　罐底径13.7厘米

座底径27.7厘米

文安县西关墓葬出土

白瓷碗

唐
高4.2厘米　口径13.3厘米
底径6.8厘米
文安县西关墓葬出土

白瓷碗

唐
高4厘米　口径12.7厘米
底径6.8厘米
文安县西关墓葬出土

白瓷杯

唐
高5.4厘米 口径7.5厘米 底径4.7厘米
文安县西关墓葬出土

青釉执壶

唐
高20.5厘米 口径7.5厘米 底径7.5厘米
大城县刘固献村墓葬出土

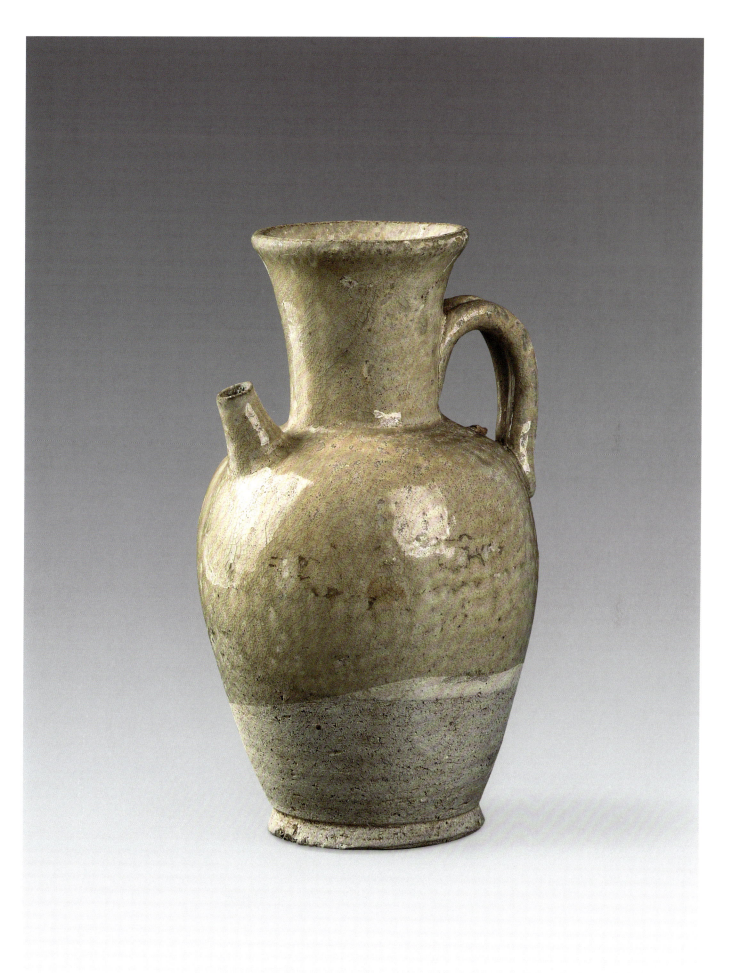

青釉四系罐

唐

高20.3厘米　口径8.3厘米

底径8.5厘米

大城县郭底村遗址出土

菱花形花鸟纹镜

唐
直径9.5厘米　厚0.3厘米
旧藏

葵口白瓷盘

五代

高3.5厘米　口径14厘米　底径3.5厘米

固安县公主府五代墓出土

白瓷瓜棱形盂

五代

高9厘米　口径6厘米　底径
7厘米

固安县公主府五代墓出土

葵口白瓷碗

五代

高4.5厘米　口径13.5厘米
底径5.5厘米

固安县公主府五代墓出土

第五部分
边关烟云

宋 辽 金 元
（公元960～1368年）

　　宋辽对峙，以白沟河为界，廊坊地区分属两国，既是两国争夺的战场，更是两国贸易的榷场、文化交流的前沿。烽火硝烟下的军事碰撞和贸易、文化交流，增进了官民交往，促进了民族间的融合。时至金元，廊坊因地近京都，则积极汇入了民族团结的时代潮流之中。

抄手式澄泥砚

宋

长16厘米　宽9.7厘米　厚3厘米

大城县郭底村宋代墓葬出土

　　底部中心位置有"□□华第三罗土澄泥造"8字阳文印铭。砚质较为细腻，色调与形制达到了完美统一的境界，是澄泥砚中难得的佳作。

白瓷刻花莲纹注壶

宋

高15厘米　口径4厘米　底径8.5厘米

大城县郭底村宋代墓葬出土

　　注壶是唐代较流行的一种酒具，习惯称之为"执壶"。这类器形在宋辽时期最为常见。此壶属中原传统器形，其工艺手法则突出了辽瓷制作风格，是汉、契丹两个民族制瓷工艺相结合的精湛之作。

白釉提梁小罐

宋

高5.4厘米　口径2.7厘米　底径2.8厘米

霸州市盐水河遗址出土

白釉绿彩提梁小罐

宋

高4.5厘米　口径2.6厘米　底径2.8厘米

霸州市盐水河遗址出土

定窑酱釉瓷碗

宋

高5厘米　口径10.8厘米　底径3.7厘米

霸州市盐水河遗址出土

该碗器型规整，釉色纯正匀净，是宋代定窑产品中的上品。

白釉长颈瓶

宋
高8.7厘米　口径2.9厘米　底径3.9厘米
霸州市盐水河遗址出土

白釉绿彩瓷灯

宋
高11厘米　口径16.9厘米　底径9.6厘米
霸州市盐水河遗址出土

白瓷灯

宋

高13厘米　口径13厘米　底径6.7厘米

霸州市盐水河遗址出土

官窑青釉开片瓷碗

宋

高7.8厘米　口径19.8厘米

安次区西固城何氏墓出土

鹿纹白瓷枕

宋

长24厘米　宽21.5厘米　高14厘米

霸州市花桑木村墓葬出土

展厅场景

瓦屋

开掘口
一号迷魂洞
二号迷魂洞
水井入口
未掘口

庄古战道迷魂洞微缩图

展厅场景

白瓷盘

辽

高6厘米　口径22厘米　底径7.6厘米

广阳区和平丽景墓葬出土

白瓷盘

辽

高5.8厘米　口径20.9厘米　底径7.5厘米

广阳区和平丽景墓葬出土

白瓷盘

辽

高4.7厘米　口径19.2厘米　底径7.3厘米

广阳区和平丽景墓葬出土

印花白瓷盘

辽

高7厘米　口径29.2厘米　底径11.9厘米

广阳区和平丽景墓葬出土

展厅场景

木桌椅

辽

木椅：高70厘米　长41厘米　宽41厘米

　　　高65厘米　长38.5厘米　宽38厘米

木桌：高59厘米　长100厘米　宽59厘米

安次区西永丰辽代墓葬出土

　　西永丰村辽墓出土木桌椅应为实用器，制作工艺考究，保存较为完整，在廊坊地区亦属首次发现。此时的坐具正处在由矮向高的发展过渡阶段，它们对研究中国古代家具发展史具有重要的参考价值。

白瓷洗子

辽

高5.5厘米　口径13.8厘米　底径7.4厘米

安次区西永丰辽代墓葬出土

　　洗子也称笔洗，为常见的文房用具，用于洗笔或调色、墨。该洗子应属定窑产品，虽通体光素，但釉色温润，造型优美，不失为定瓷佳作。

花口白瓷盘

辽
高2厘米　口径14.3厘米　底径10.9厘米
安次区西永丰辽代墓葬出土

白瓷杯

辽
高5.1厘米　口径8厘米　底径3.9厘米
安次区西永丰辽代墓葬出土

花口小底碗

辽

高5.8厘米　口径19.4厘米　底径
6.3厘米

安次区西永丰辽代墓葬出土

青白釉浅腹大碗

辽

高5厘米　口径22.4厘米　底径8.1厘米

安次区西永丰辽代墓葬出土

青白釉折底圈足碗

　　辽
　　高5.1厘米　口径21.5厘米　底径
6.7厘米
　　安次区西永丰辽代墓葬出土

锦地纹镜

　　辽
　　直径19.5厘米
　　安次区西永丰辽代墓葬出土

展厅场景

白瓷塔形罐

辽

高58.5厘米　底径16厘米

香河县于辛庄栖隐寺塔基地宫出土

　　由塔刹、塔身、基座三部分构成。整体为圆柱形，腹中空，可贮物。塔刹与塔身分制，由相轮、宝瓶、华盖组成，塔刹即罐盖，下方作子口，与罐口相结合。塔身上作12层单檐，檐与檐间隔自上而下逐渐变窄，中间鼓，两端略内收。檐以下为塔身，呈筒状，素面无纹。基座为圆形须弥座，由上小下大的两个圆形坡面基台组成，基台坡面上刻饰双层覆莲纹，线条粗犷。两层基台中间束腰处有一道凸棱。大平底。通体施白色釉，局部有积釉现象，略显青色。此罐造型端庄稳重，体现出小器大样的制作技巧。

白瓷净水碗

辽

高10厘米　口径14厘米　足径5厘米

香河县于辛庄栖隐寺塔基地宫出土

　　净水碗属佛教器具。此碗胎质洁白细腻，釉层薄而匀净，造型精巧别致。胎壁极薄，烧结良好，瓷化程度高，在阳光下呈半透明状。是辽代白瓷中的罕见之物。

白瓷花口盘

辽

高4厘米　口径15.3厘米　底径7.1
厘米

香河县于辛庄栖隐寺塔基地宫出土

青白瓷花口折腹碗

辽

高4.8厘米　口径20.5厘米　底径
6.6厘米

广阳区翟各庄墓葬出土

白瓷碗

　　辽

　　高7.8厘米　口径20.4厘米　底径6.7
厘米

　　广阳区翟各庄墓葬出土

白瓷花口杯

　　辽

　　高7.5厘米　口径12.3厘米　底径5.4厘米

　　广阳区南尖塔墓葬出土

银舍利盒

辽

高7厘米　长16.7厘米　宽12厘米

三河市西关塔基出土

铜鎏金舍利瓶

辽

高13.4厘米　底径2.5厘米

三河市西关塔基出土

白瓷刻花牡丹纹梅瓶

辽

高38厘米　口径2.6厘米　底径12.5厘米

旧藏

此梅瓶在器形制作和装饰技法方面直接
受定窑影响，器形的外部轮廓线敦厚矫健，
展示了辽代制瓷工艺的特殊风貌——造型丰
腴圆浑，刻划方法简练明快，随心所欲，有
一种粗犷不羁、自由奔放之感。

白瓷瓜形注壶

辽
高20厘米　底径8厘米
永清县东关墓葬出土

　　这件白瓷瓜形注壶成功之处，是制瓷匠师把陶瓷工艺与自然物有机结合起来，丰富了瓷器的造型，其自然物的生动形象与高超娴熟的制瓷技艺融为一体，堪称艺术佳作。

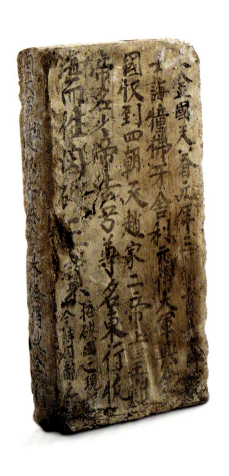

天眷元年题记砖

金

长43厘米　宽21.3厘米　厚7厘米

固安县于沿村金代宝严寺塔基出土

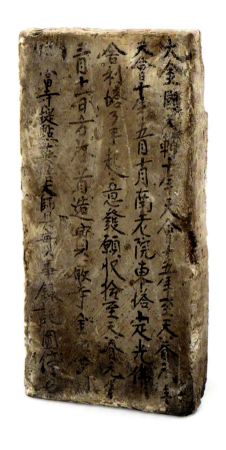

天辅十年题记砖

金

长43厘米　宽21.7厘米　厚7厘米

固安县于沿村金代宝严寺塔基出土

石函

金

通高71.5厘米　盖长92.5厘米

盖宽74.2厘米

函长79厘米　函宽62.3厘米

固安县于沿村金代宝严寺塔基出土

银碗

金

高3厘米　口径14厘米　底径3.7厘米

固安县于沿村金代宝严寺塔基出土

银碟

金

高1.4厘米　口径9.6厘米　底径7.2厘米

固安县于沿村金代宝严寺塔基出土

银杯

金

口径6.5厘米　底径3.1厘米

固安县于沿村金代宝严寺塔基
出土

银八棱熏炉

金

通高11厘米　口径7.9厘米　底5厘米

固安县于沿村金代宝严寺塔基出土

银鎏金佛舍利柜

金

柜：高12.8厘米　长21.4厘米　宽11.8厘米

底座：高16厘米　长26.3厘米　宽15.5厘米

固安县于沿村金代宝严寺塔基出土

　　该舍利柜制作于金天会十二年（公元1134年），时代明确，装饰内容丰富，工艺精美，是金代金银制舍利柜中的代表作。

柜体开光人物纹饰（部分）

柜顶盖纹饰

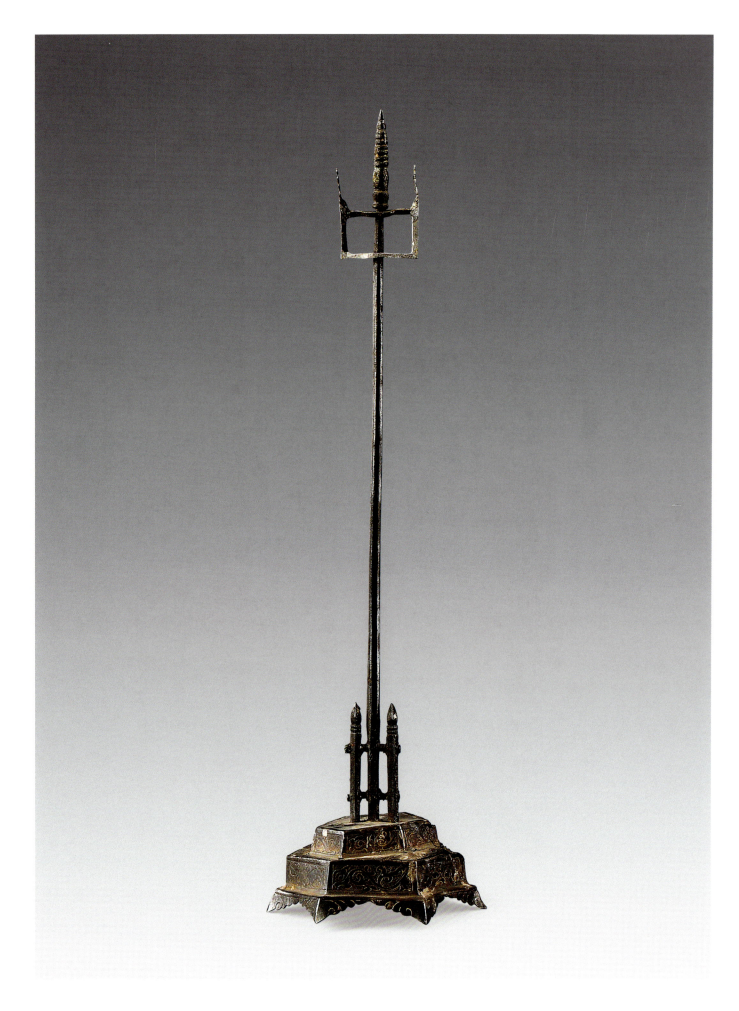

銀佛幡

金

通高31.3厘米　座直径7.5厘米

固安县于沿村金代宝严寺塔基
出土

银佛幡

金

通高28厘米　座直径7.9厘米

固安县于沿村金代宝严寺塔基
出土

银鎏金莲花饰

金

直径1.8厘米

固安县于沿村金代宝严寺塔基出土

银双喇叭花饰

金

长2.9厘米　宽2.6厘米

固安县于沿村金代宝严寺塔基出土

银鎏金法轮

金

直径2.3厘米

固安县于沿村金代宝严寺塔基出土

银双向金刚杵花饰

金

长4.9厘米　宽2.2厘米

固安县于沿村金代宝严寺塔基出土

银鎏金莲蒂喇叭饰

 金

 长1.6厘米　宽1.4厘米

 固安县于沿村金代宝严寺塔基
出土

金钵盂

 金

 高3.1厘米　口径8.1厘米

 固安县于沿村金代宝严寺塔基
出土

银鎏金舍利盒

 金

 长5.6厘米　宽2.7厘米

厚1.7厘米

 固安县于沿村金代宝严寺
塔基出土

银盒

 金

 直径6.4厘米　高3.4厘米

 固安县于沿村金代宝严寺塔基出土

双鸟纹玉佩饰

金

长11.6厘米　宽4.7厘米

固安县于沿村金代宝严寺塔基出土

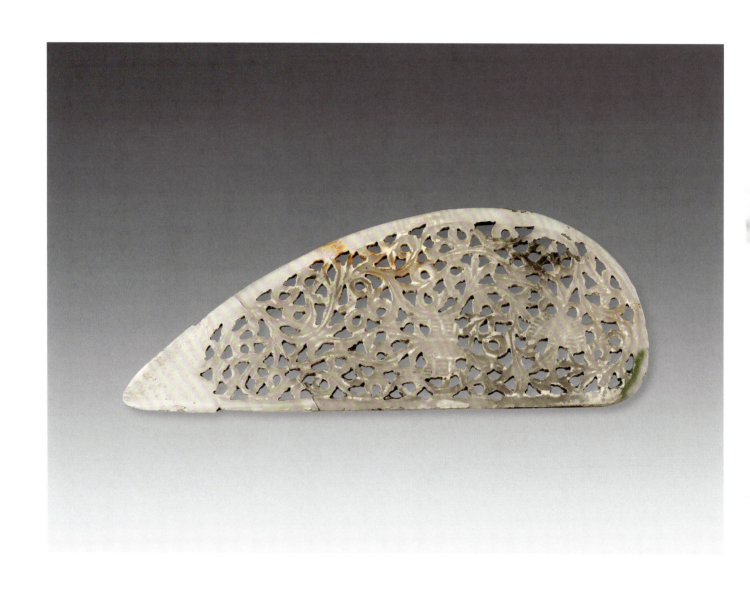

水晶串珠（112粒）

金

固安县于沿村金代宝严寺塔基
出土

水晶串珠（70粒）

金

固安县于沿村金代宝严寺塔基
出土

水晶串珠（水晶、银、玛瑙122粒）

金

固安县于沿村金代宝严寺塔基出土

水晶串珠（73粒）

金

固安县于沿村金代宝严寺塔基出土

水晶串珠（137粒）

金

固安县于沿村金代宝严寺塔基出土

金观音立像

金

高4.5厘米　底径1.2厘米

固安县于沿村金代宝严寺塔基
出土

银观音立像

金

高5.4厘米　底径1.4厘米

固安县于沿村金代宝严寺塔基
出土

铜观音立像

金

高8.3厘米　底径1.8×1.6厘米

固安县于沿村金代宝严寺塔基出土

珊瑚枝

金

13克

固安县于沿村金代宝严寺塔基出土

卧兽蜜蜡香坠

金

长5.6厘米　宽3.4厘米　厚2厘米

固安县于沿村金代宝严寺塔基出土

鱼形玉饰

金

长3～3.7厘米　宽1.2～1.6厘米

固安县于沿村金代宝严寺塔基出土

喇叭花玉饰

金

长2.7厘米

固安县于沿村金代宝严寺塔基出土

白釉刻双鱼纹碗

金
高6.5厘米　口径20.7厘米
三河市行仁庄墓葬出土

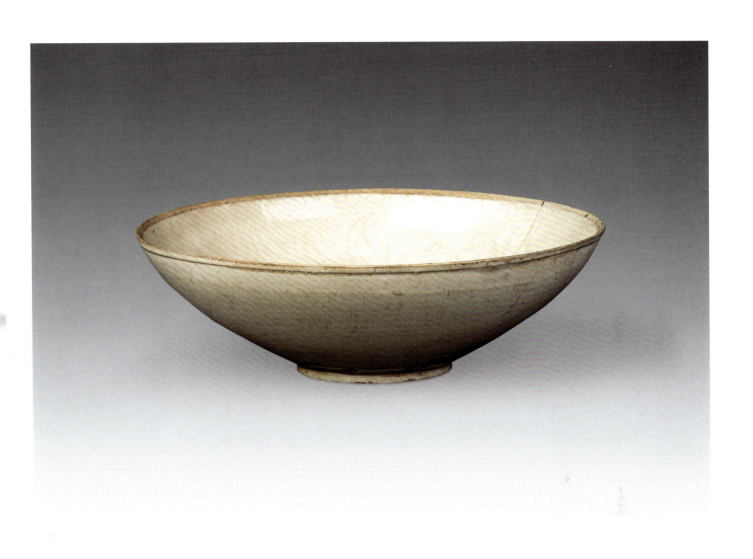

白釉刻莲花纹碗

金

高6厘米　口径19.5厘米

三河市行仁庄墓葬出土

展厅场景

六耳鋬铁釜

金

通高26厘米　口径28.5厘米　腹径35.8厘米

安次区落垡砖场金代遗址出土

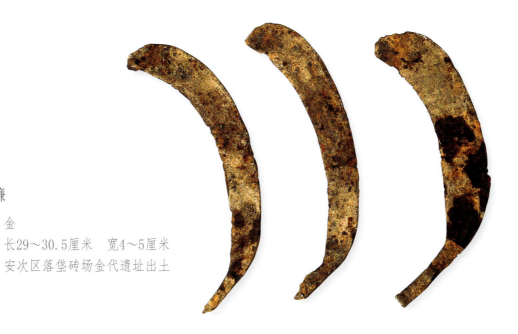

铁镰

金

长29～30.5厘米　宽4～5厘米

安次区落垡砖场金代遗址出土

铁耒、铁铡刀

金

铁耒：通长59厘米　齿长34.5厘米　宽10厘米

铁铡刀：刀长80厘米　宽20厘米　柄长20厘米

安次区落垡砖场金代遗址出土

铁三足釜

金

通高28厘米　口径28.7厘米　腹径
31厘米　足宽4.5厘米

安次区落垡砖场金代遗址出土

"元帅都监"铜印

金

通高5.4厘米　印面宽10厘米　厚2.3厘米

霸州市城关出土

黑釉铁锈花碗

元

高6.1厘米　口径14.3厘米　底径5.7厘米

三河市张白塔村墓葬出土

钧窑碗

元

高8.7厘米　口径20.3厘米　底
径6.8厘米

三河市张白塔村墓葬出土

钧窑碗

元

高7厘米　口径16.3厘米　底径6.1
厘米

三河市张白塔村墓葬出土

钧窑直口浅腹碗

元

高4.8厘米　口径9.4厘米　底径4.6厘米

三河市张白塔村墓葬出土

钧窑碗

元
高9厘米　口径19.5厘米　底径7.4厘米
三河市张白塔村墓葬出土

钧窑碗

元
高7.2厘米　口径16.1厘米　底
径5.9厘米
三河市张白塔村墓葬出土

磁州窑白地黑彩"白家酒"款四系壶

元

高27厘米 口径4.7厘米 底径6.8厘米

三河市张白塔村墓葬出土

磁州窑白地黑彩"清风明月"款弦纹四系壶

元

高28厘米　口径4.5厘米　底径10.4厘米

三河市张白塔村墓葬出土

贯耳铜扁壶（1对）

元

高23.3厘米

安次区大伍龙元代桑氏墓2号墓出土

黑陶方壶（1对）

元

通高32厘米　口径10×6厘米

安次区大伍龙元代桑氏墓1号墓出土

荷叶盖罐

元

高32厘米　口径16.5厘米　底径15.5厘米

安次区大伍龙元代桑氏墓1号墓出土

白瓷刻花小罐

元

高3.5厘米 口径2.6厘米 足径3厘
米 腹径5.2厘米

安次区大伍龙元代桑氏墓2号墓出土

鎏金铜薰炉

元

通高8.9厘米　口径7.6厘米　底径6.3厘米

安次区大伍龙元代桑氏墓2号墓出土

黑陶香炉

元

高12.8厘米　口径12×12厘米

安次区大伍龙元代桑氏墓1号墓
出土

青玉带饰

元

带扣：4.6×3厘米　扣舌：长2.7厘米

安次区大伍龙元代桑氏墓2号墓出土

钧窑瓷香炉

元

高13厘米　口径15厘米　腹径17厘米

三河市孟各庄村墓葬出土

卵白釉螭纹高足杯

元

高8.2厘米　口径13.5厘米　底径4厘米

三河市孟各庄村墓葬出土

绿釉印花碗

    元

    高8.2厘米 口径18.2厘米 底
径7.7厘米

    旧藏

钧窑瓷罐

元

高14.3厘米　口径14.5厘米　底径9厘米

固安县王龙村墓葬出土

黑釉罐

元

高16.2厘米　口径15.9厘米　底径
9厘米

固安县王龙村墓葬出土

黑釉罐

展厅场景

磁州窑白地黑彩花卉纹罐

元

高11.3厘米　口径7厘米　底径6厘米

霸州市城关码头遗址出土

钧窑碗

元

高6.5厘米　口径15.3厘米

足径5.8厘米

霸州市城关码头遗址出土

仿哥瓷碗

元

高7厘米　口径15.8厘米　底径5.9厘米

霸州市城关码头遗址出土

为仿哥窑器。器表施豆青釉，略显混浊，
通体开片形成金丝铁线，予人拙雅之感。

龙泉窑豆青釉碗

元
高3.5厘米　口径7.5厘米　足径2.7厘米
霸州市城关码头遗址出土

磁州窑白地黑彩花卉碗

元
高4厘米　口径10厘米　足径3.6厘米
霸州市城关码头遗址出土

　　碗内壁饰两道褐彩弦纹，底饰一褐彩折枝花卉。施白色透明釉。胎
坯致密，白中泛黄。该碗的形制、胎质、釉色及褐彩绘画装饰等，均体
现出河北磁州窑产品的特点，也是磁州窑常见器形之一。

磁州窑白地黑彩"大利吉"款弦纹瓶

元

高13.7厘米　口径4.8厘米　底径5.5厘米

霸州市城关码头遗址出土

钧瓷盘

元
高3.2厘米　口径16厘米　底径9厘米
霸州市城关码头遗址出土

钧瓷碗

元
高8厘米　口径16.8厘米
底径5.5厘米
霸州市城关码头遗址出土

龙泉窑青瓷盘

元

高3厘米　口径12.5厘米　底径5.8厘米

霸州市城关码头遗址出土

钧窑碗

元

高7厘米　口径13.7厘米　底径5.2厘米

霸州市城关码头遗址出土

磁州窑白地黑彩草叶纹罐

元

高9.5厘米　口径7.2厘米　底径6.2厘米

霸州市城关码头遗址出土

　　器形制作小巧精细，胎体薄厚适中。通体以褐彩绘饰图案：肩部饰弦纹及水波纹，腹部主体纹饰为草叶纹，构图简明疏朗，绘画技法熟练粗犷，与精巧的造型相匹配，使这件白地褐彩草叶纹罐更加朴素、明快。

平安富贵镜

元

直径18.5厘米

安次区万庄村墓葬出土

龙泉窑青釉刻花碗

元

高8.1厘米　口径19.6厘米　底径6.8厘米

安次区万庄村墓葬出土

龙泉窑青釉刻花高足碗

元

高9.4厘米　口径13.1厘米　底径4.3厘米

安次区万庄村墓葬出土

龙泉窑青釉刻花碗

元

高7.5厘米　口径19.1厘米　底径6.7厘米

安次区万庄村墓葬出土

240

钧瓷盘

元

高3厘米　口径16.5厘米

底径9.8厘米

安次区万庄村墓葬出土

钧瓷盘

元
高4.1厘米　口径18厘米　底径
10.8厘米
安次区万庄村墓葬出土

钧瓷盘

元
高2.6厘米　口径15.8厘米　底径10.2厘米
安次区万庄村墓葬出土

钧瓷盘

元
高3.2厘米　口径15.3厘米　底径9.5厘米
安次区万庄村墓葬出土

磁州窑褐彩凤纹罐

元

高44厘米 口径25厘米 底径26.8厘米

旧藏

直口，圆唇，广肩，鼓腹，平底。通体以3道一组的褐彩弦纹隔为3组装饰纹带，颈下部为一周排列规整的直线条纹，肩上绘海水江牙及牡丹纹，为传统纹样中的"落花流水"。器身主体装饰为对称的两面开光，开光内绘两只凤鸟，昂首引颈，双翅平展，尾部弯曲作飘拂状，凤鸟周围填数朵祥云，开光间饰上下对称的草叶纹。整体构图严谨，主题突出，表现手法雄浑泼辣，动感强烈，给人以凤翔天宇、鸣噪九霄之感。

第六部分
京畿重地

明 清
（公元1368~1911年）

　　明清两朝，廊坊地处京畿。人文荟萃，交通便利，民风质朴，崇文尚礼。原住民众，宽厚包容，极具容纳力和亲和力。仅明朝初年，十万余外来人口在廊坊落地生根，他们带来的农事经验、手工技艺、文化知识等，在这里沉淀而成具有不同区域、不同民族、不同风格的文化遗存。这里又是南方进京必由之路，江南文化、中原文化多有积淀。这些都为廊坊多元文化增添了绚丽光彩。

白釉黑彩人物骑狮瓷烛台
　　明
　　高23.7厘米
　　安次区西固城何氏墓出土

宣德官窑青花缠枝花卉纹碗

明·宣德

高6.8厘米　口径15.3厘米

安次区西固城何氏墓出土

白瓷罐

明

高20.3厘米　口径10.5厘米　底径10.8厘米

大厂回族自治县段氏墓出土

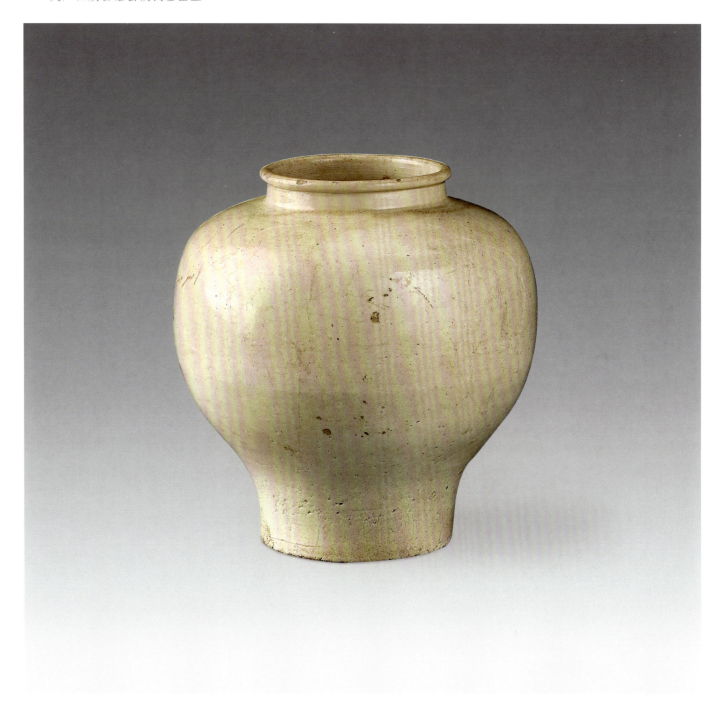

青花八仙人物将军罐

明·嘉靖

高56厘米　口径26厘米　底径29厘米

旧藏

　　器身由弦纹隔为四层装饰带。颈部饰松、竹、梅及松枝盘结而成的"福"字。肩部饰一周如意云纹，内绘灵芝。腹部主体纹饰为八仙人物图，八位仙人各持宝物踏浪过海，各显神通。顶部升腾的景云及足下飞溅的波涛与人物情景交融，相得益彰。最下一层为寿山福海等吉祥图案。器物釉面肥润平整，青花色泽蓝中泛紫，彩度浓腻艳丽，颇具朴实之美。装饰图案疏密有致，饱满而不觉拥挤，人物勾勒线条刚劲流畅。无论从烧造、造型还是彩绘等方面来看，均堪称明嘉靖年间民窑青花瓷器中的佳品。

展厅场景

象牙笏板

明

长47.2厘米　宽4.7～7.8厘米

旧藏

笏即"手板"，亦名"朝笏"，是古代大臣朝会时所执的狭长板子，多以玉、象牙或竹片制成，一至五品用象牙，五品以下用木。这种制度沿用至明代。

天启元年敕命

明

长170厘米　宽30.5厘米

旧藏

敕命内容为天启皇帝敕封山东济南府德州平原县知县李致敬，敕封其妻刘氏为孺人，成为朝廷命妇。孺人在明代为七品官母、妻之封号。

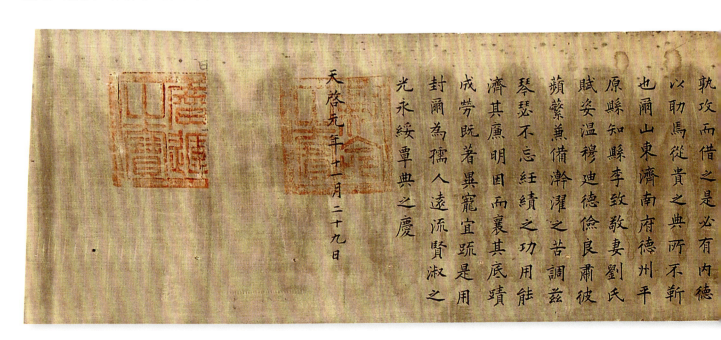

道光二十九年石砝码

清

长73.9厘米　宽49.3厘米　高38厘米

旧藏

石砝一侧阴刻楷书"清道光二十九年/辅源店/北盐官砝"字样。砝亦称"权"、"锤",与衡合用以称物平施。此砝码的发现,对研究清代盐政管理及衡制有重要的史料价值。

展厅场景

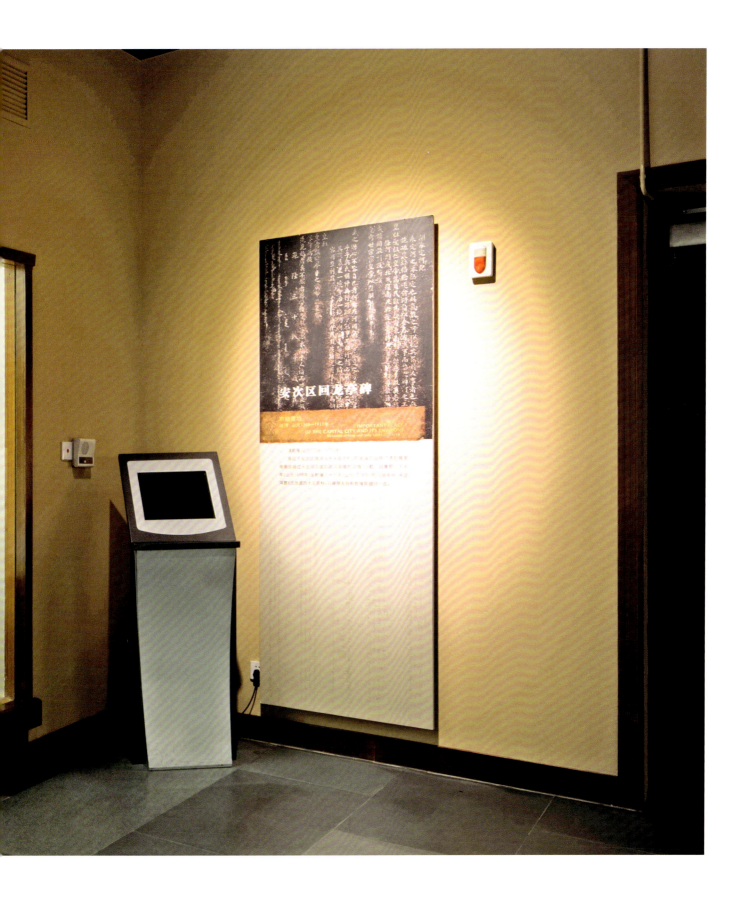

二龙戏珠纹易水砚

清

长36.7厘米　宽24.1厘米　厚5厘米

旧藏

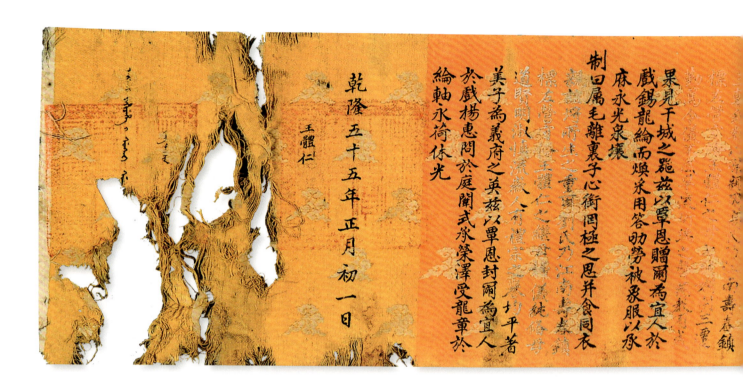

乾隆五十五年诰命

　　清

　　长124厘米　宽32厘米

　　旧藏

　　诰封是明清朝廷对官员及其先祖和妻室授予封
典的制度，五品以上用皇帝的诰命授予，称诰封。

奉
天承運
皇帝制曰寵綏回爵式嘉閫閾之崇崢起門
風用表庭闈之訓爾王克憲乃江南壽春
鎮標左營守俻王體仁之父義方啟後毅
似光前積善在躬樹良型於弓冶克家

白玉佛像

清

高5.2厘米　宽3厘米

廊坊市经济技术开发区梨园村出土

乾隆十六年成造细料金砖

清

长55厘米　宽36厘米　厚9.5厘米

旧藏

　　金砖侧面的宋体阳文铭记，详细记录了金砖烧造的年代、尺寸、监造人、烧造窑户。"金砖"是专门为皇宫烧制的细料砖，因其颗粒细腻，质地密实，敲起来有金石之声，所以叫"金砖"。

金簪

清

长9.1～11.4厘米

廊坊市经济技术开发区梨园村出土

金头饰

清

长4.7～5.7厘米

廊坊市经济技术开发区梨园村出土

金戒指

清

直径2～2.3厘米

廊坊市经济技术开发区梨园村出土

小金环

清

直径1.1厘米

廊坊市经济技术开发区梨园村出土

金如意钩

清

长5.7厘米

廊坊市经济技术开发区梨园村出土

红琥珀珠

清

直径1.9～2.2厘米

廊坊市经济技术开发区梨园村出土

铜带饰

清

长4.9厘米　宽3.2厘米

廊坊市经济技术开发区梨园村出土

展厅场景

青花缠枝莲纹盖罐

清·顺治
高53厘米　口径24厘米　底径24厘米
旧藏

青花麒麟纹罐

清·顺治

高31厘米　口径13.5厘米　底径17厘米

旧藏

青花缠枝莲纹罐

清·康熙

高44.5厘米　口径22.5厘米　底径29厘米

旧藏

青花喜字纹天球瓶

清·道光

高43厘米　口径8.8厘米　底径14厘米

旧藏

洒蓝釉白花如意双耳尊

清·咸丰

高35厘米　口径21厘米　底径16.8厘米

旧藏

茶叶末釉天球瓶

清·咸丰
高35.5厘米　口径7厘米　底径12.5厘米
旧藏

窑变釉胆式瓶

清·乾隆
高44.2厘米　口径3.7厘米　底径13.8厘米
旧藏

　　"窑变釉"是指器物和窑中含有多种呈色元素，在特定的烧造条件下，器物出窑后釉面形成一种色彩斑斓、绚丽多姿的艺术效果。"窑变釉"最早作为一种缺陷美，自唐代以前就偶有发现，宋代的钧窑、建窑窑变堪称经典。至清代雍正、乾隆时期，窑变技术全面继承并有所发展，并作为特殊色釉专门生产。这件胆式瓶釉面凝厚亮丽，玻璃质感强烈，有细小如丝状的开片纹理和千变万化的交融色泽，犹如火焰般的色彩和图案，为乾隆时期民窑窑变品种的优秀代表，不可多得的艺术珍品。

粉彩刀马人物瓶

清·同治

高46.7厘米 口径18.7厘米 底径18厘米

旧藏

粉彩开光花鸟纹瓶

清·同治

高45.3厘米　口径19厘米　底径17厘米

旧藏

墨地五彩花鸟纹梅瓶

清·光绪

高29.5厘米　口径5.1厘米　底径13厘米

旧藏

霁蓝釉水盂

清·光绪

高4.5厘米　口径8.2厘米　底径7.8厘米

旧藏

乾隆款粉彩花卉撇口瓶

清·光绪
高12.3厘米　口径3.3厘米　底径4厘米
旧藏

粉彩人物鼻烟壶

清·光绪

高15.7厘米　口径3厘米　底径3.8厘米

旧藏

反瓷如意耳瓶

清·光绪
高21.9厘米　口径7.2厘米　底径7.8厘米
旧藏

　　反瓷是明清时期景德镇烧制的一种素瓷，器物表面不施釉，以其自然烧成的色泽、精美的装饰图案和绝妙的雕刻技法著称。这件反瓷如意耳瓶色泽灰白自然，造型匀称，装饰格调高雅，雕刻技法精湛，实属同类器中罕见。

咸丰官窑霁红釉侈口碗

清·咸丰
高6.5厘米　口径15.5厘米　底径5.8厘米
旧藏

茶绿釉茧形水盂

清·乾隆

高5.7厘米　口径8.7～2.7厘米

旧藏

渔樵耕读石插屏

清·光绪

长65.5厘米　宽48.2厘米　厚1.5厘米

旧藏

乾隆款青花粉彩大瓶

清·光绪

高65厘米　口径23.5厘米　底径21.5厘米

旧藏

廊坊市重要考古活动一览表

名称	时代	简介
孟各庄遗址	新石器时代	位于三河市孟各庄村、泃河东岸山前冲击扇顶部。1979年发现并试掘，清理圆形锅底状灰坑10个、房址2座。房址为半地穴式，平面近方形，南面开斜坡式门道。生土墙壁拍打成型，四壁对称栽柱。室内地面撒细沙后再经烧烤，室内中部设方形灶台，一侧有灶坑。出土遗物主要是石器和陶器，另发现一枚骨镞。陶器以夹砂和掺有滑石粉的黑褐陶为主，有少量的泥质红陶及红顶钵、碗。陶器皆手制，烧制火候较低。孟各庄先民主要从事原始农业，辅之以狩猎和采集。根据已发现的考古资料，我们将其归入上宅文化。距今约6000年。
刘白塔遗址	新石器时代	位于三河市刘白塔村、泃河西岸山前冲击扇的下部。1984年发现，1991年、2001年两次试掘，清理灰坑4个。出土遗物有石器和陶器，陶器以泥质陶占大多数，尤以红顶器最突出。罐、碗等陶器局部经慢轮修整，制陶技术较孟各庄遗址有一定的进步性。刘白塔遗址和孟各庄遗址相距仅8公里，但文化面貌迥然不同，《河北考古五十年》将其列入北福地文化系统。其年代较孟各庄遗址稍早或大体相当。
大坨头遗址	夏商	位于大厂回族自治县大坨头村东、鲍丘河西岸的高台地上，1964年发掘，清理房址两座，出土陶器、细石器及铜镞等遗物。房址为半地穴式，根据1号房址的布局分析，建筑形式类似于今天的蒙古包。发掘时被命名为夏家店下层文化大坨头类型，后来学者普遍认为其应是一种独立的考古学文化，命名为大坨头文化。年代相当于中原的夏商之际。
庆功台墓葬	夏商	位于香河县庆功台村西、潮白河故道东侧。1994年发现，1995年发掘。清理灰坑和墓葬各一座。墓葬为竖穴土坑墓，随葬折肩罐、靴足鼎等陶器和金臂钏等遗物共计19件。文化类型归属于夏家店下层文化。
小王东遗址	商｜战国	位于文安县小王东村，俗称"坨子"。2002年发掘，面积有5000平方米，发掘早商灰坑2个、战国墓4座。商代遗物包括陶器、石器、骨器、角器、蚌器等。出土器物含有非常丰富的北方文化因子，吸收了大量的夏家店下层文化因素。
三河市双村、大唐回村战国墓	战国	三河市双村、大唐回村古遗址和墓葬分布较密，村民动土时不断有文物出土，1978年在两个村子抢救发掘了三座长方形土坑竖穴墓。根据随葬铜、陶礼器的组合及器型特征，双村墓葬、大唐回村西墓葬的时代当属战国早期，大唐回村北淀墓葬的时代属战国中期，均为燕国士一级的墓葬。
三河市错桥村铁器窖藏	汉	位于三河市错桥村，1984年发现并进行了抢救性清理。铁器无次序摆放在土坑内，器类有犁、钁（jué）、锸、铲、锄等农具，削、斧、凿等工具，辖等车具及矛、钥匙、镞等近30件，均为使用过的旧器，为汉代铁器窖藏。
董满墓	唐	1977年在文安县麻各庄村南修筑公路时发现。为圆形单室砖墓，出土陶俑、镇墓兽、家畜、家禽、三彩扁壶等随葬品44件。墓主人董满在唐乾封元年（公元666年）83岁时奉诏版授恒州县令，卒于咸亨二年（公元671年），咸亨三年三月三十日迁窆（biǎn）于文安县北。
公主府五代墓	五代	1984年固安县公主府乡砖厂取土时发现。墓室平面近圆形，南北径3.25米，东西径3.42米。墓室内作砖雕仿木结构，从残存的墓室内壁可看出原有直棂窗，柱头斗栱为"一斗三升"，上承撩檐枋、檐椽、瓦，再上雕斗子蜀柱及直臂叉手栱，栱上承一道枋子，枋上置柱头、补间斗栱，均为"一斗三升"。墓室内壁表面有红、黄、白、黑四色彩绘痕迹，图案纹饰已漫漶不清。

郭底墓葬	北宋	位于大城县郭底村西北，1975年发现。为圆形单室穹窿顶砖墓，墓门东向，墓内出土有定窑白瓷注壶、抄手式澄泥砚、白瓷碗、黄釉注壶等随葬器物。
盐水河遗址	北宋	位于今霸州城内的东北部，1967年发现。出土酱釉小碗、白釉长颈瓶、盘等瓷器；泥质灰陶罐、盆、槽等生活用具；泥质灰陶兽面圆瓦当等建筑材料；圆形、多面体陶弹丸、擂石；"元丰通宝"、"熙宁重宝"年号铜钱币等宋代遗物。
边关地道遗址	北宋	已发现的宋辽边关地道，分布于永清南部、西南部的6个乡镇11个村街，乃宋辽对峙时期，北宋为了抵御辽兵南侵修筑的地下军事工事。地道以统一规格的青砖砌筑，券顶结构，构造复杂、布局巧妙、分布广泛，被誉为"地下长城"。2006年，边关地道遗址被国务院公布为第六批全国重点文物保护单位。
西永丰辽墓	辽	1999年安次区西永丰村群众在村西北发现，廊坊市文物管理处抢救性发掘。单室砖墓，由以砖砌成仿木结构的照壁、墓门、甬道、墓室组成。墓室为等八边形，圆形穹窿顶。墓内壁及墓顶彩绘人物、竹、鹤、牡丹花等。出土陶器、瓷器等类随葬品及木桌椅、铜镜等43件。
栖隐寺塔基地宫	辽	栖隐寺塔，位于香河县于辛庄村南。始建于辽，为砖砌实心塔。清代康熙六十一年（公元1722年）、光绪十四年（公元1888）两次重修。1976年7月唐山大地震时塔被毁。考古工作者清理塔基时，于地表下发现方形穹窿顶地宫，内置白瓷净水碗、白瓷塔形罐、陶质仰莲托座各1件，白瓷花口盘16件。
宝严寺塔基地宫	金	位于固安县于沿村村东，1976年发现。塔基底部中心置长方形石函1合，据石函铭刻和墨书砖铭可知，此处是金代固安县于沿村宝严寺众僧及信徒天眷元年（公元1138年）为瘗（yì）埋"士诲幢佛牙真舍利"修建的地宫。地宫石函内出土遗物丰富，有金、银、铜、铁、玉、水晶、瓷、骨、陶、松香等类文物。
大伍龙元代桑氏墓	元	位于安次区大伍龙村，共两座，均为带有两侧室的砖室墓，整体呈长方形，墓顶以3块长方形青石板及青砖封盖。1号墓券顶，墓门开在南面，墓碑立于墓门前。出土方口双兽耳黑陶壶、方口黑陶香炉、锡壶、铜镜及水晶珠等随葬品。随葬器物以2号墓居多，出土青玉带銙、铜壶、铜薰炉、铜钱、铜镜、白瓷罐等。
霸州市城关码头遗址	元	位于霸州城关，现城南"护城河"内。1984年发掘，清理出排列整齐的木桩、大棕绳、铁锚头、船钉等遗迹遗物。出土大批元代瓷器，完整及可复原器物达500余件，瓷片上千片，分属龙泉窑、钧窑、磁州窑、景德镇窑。这处码头遗址是廊坊地区目前发掘的唯一一处古代码头遗址，为研究元代霸州水陆交通和商贸状况提供了可靠证据。
明"都知监"何氏墓	明	位于安次区西固城。1957年发现时墓室已被破坏，墓内前室器物已全部取出。墓坐北朝南，前室长方形，券顶，墓室东西各有耳室。出土盘、壶、碗、盒、香炉、砚台、铜钱等遗物，其中宋官窑碗、明宣德白地红彩八宝纹香炉堪称瓷器中的珍品。从出土的买地砖券文，可知墓主人为明代"都知监"何氏。

后 记

　　廊坊博物馆基本陈列——"廊坊的足迹"于2005年12月对公众开放，至今已有10余年。在此期间，廊坊地区的考古工作屡有新的发现，但改陈是一项庞大并且复杂的工程，这些新的考古成果因而没能及时在展览中体现。需要说明的是，"廊坊的足迹"是依据当年的考古资料编写大纲的，廊坊最早的历史基于三河市孟各庄、刘白塔遗址，距今6000余年，属新石器时代中期。之后在安次区发现了北旺遗址，据碳十四测定，距今6780～7595年，属较早期的新石器时代文化遗存，廊坊的历史向前推进了1000多年。本书的编辑，遵照陈列的现状，未将北旺遗址的考古成果收录其中。

　　"廊坊的足迹"是廊坊博物馆的根基和灵魂，浓缩了廊坊6000余年的悠久历史，最能代表廊坊的发展轨迹，十余年来，接待了上百万的观众、来宾和业界同行，得到了一致的认可和称赞。出于两方面的考虑，一是向更多的人进行推介，弘扬传统文化，激发爱国热情；二是当前文博事业迅猛发展，我馆的基本陈列也已陈旧，改陈是必然的趋势。对这一精品展览进行记录，留下一份资料，也算一个交代吧。

　　本陈列的部分展品，由河北省文物研究所、河北省文物保护中心、三河市文物管理所、霸州市文物管理所提供，在此提出特别感谢。

　　廊坊博物馆在建成开放的10年历程中，得到了上级领导、各主管部门、社会各界人士的关心和扶持，以及广大观众的关注和参与，在此一并致谢！

编者

2016年9月